Club de jóvenes hechiceras

Astrología

Escrito por Xanna Eve Chown
y Marion Williamson
Ilustrado por Luna Valentine

chicas X chicas

Dirección editorial: María José Pingray
Coordinación de proyecto: Jesica Ozarow
Edición y corrección: Pamela Pulcinella
Diagramación: Shhh! Ilustradores
Traducción: Soledad Gopar
Producción industrial: Aníbal Álvarez Etinger

Chown, Xanna Eve
    Astrología / Xanna Eve Chown ; coordinación general de María José Pingray
; editado por Pamela Pulcinella. - 1a ed. - Ciudad Autónoma de Buenos
Aires : Chicas x Chicas, 2023.
    128 p. ; 19 x 13 cm.
    ISBN 978-987-8930-03-9
    1. Libro de Entretenimientos. I. Pingray, María José, coord. II. Pulcinella,
Pamela, ed. III. Título.
    CDD 793.21

Contenido

Introducción

¿Qué es la Astrología?

Desde la Antigüedad, los seres humanos han observado el cielo en busca de sentido. Hoy en día, los astrólogos estudian los movimientos y las posiciones de los cuerpos celestes —el Sol, la Luna, los planetas y las estrellas—, y utilizan esta información para revelar el conocimiento sobre tu personalidad y tu vida.

¿CUÁL ES TU SIGNO?

El zodíaco es un cinturón o zona celeste que contiene doce famosas agrupaciones de estrellas, llamadas *constelaciones*. Durante el transcurso de un año, el Sol parece atravesar una constelación diferente cada mes. Tu signo solar está determinado por la constelación en la que se encontraba el Sol en el momento preciso de tu nacimiento.

En astrología, el sol simboliza tu identidad —los aspectos de ti misma que iluminan el mundo—. Comprender tu signo solar y su influencia sobre tu personalidad, relaciones, trabajo y bienestar, puede darte una visión sobre lo que te hace especial. Para descubrir tu signo solar (también llamado *signo zodiacal*) tan solo necesitas tu fecha de nacimiento.

Fecha de nacimiento	Signo solar
21 de marzo al 20 de abril	Aries
21 de abril al 20 de mayo	Tauro
21 de mayo al 21 de junio	Géminis
22 de junio al 22 de julio	Cáncer
23 de julio al 23 de agosto	Leo
24 de agosto al 22 de septiembre	Virgo
23 de septiembre al 22 de octubre	Libra
23 de octubre al 21 de noviembre	Escorpio
22 de noviembre al 19 de diciembre	Sagitario
20 de diciembre al 19 de enero	Capricornio
20 de enero al 19 de febrero	Acuario
20 de febrero al 20 de marzo	Piscis

Fechas de cúspides

Si has nacido en alguna de las dos fechas de inicio o fin de tu signo zodiacal, entonces naciste sobre la «cúspide» de dos signos. El momento exacto en el que el Sol ingresa en cada signo del zodíaco varía ligeramente cada año. Puedes consultar en Internet para descubrir el momento exacto en el que el Sol ingresó en cada signo durante el año de tu nacimiento.

Aries

21 de marzo – 20 de abril

Todo sobre Aries

SÍMBOLO: EL CARNERO
ELEMENTO: FUEGO △
REGENTE: MARTE

La constelación de Aries

Como el primer signo del zodíaco, eres una líder natural que no deja que nada se interponga en su camino. Prefieres pasar a la acción antes que hablar, ¡y tus reacciones son rápidas como un rayo! Esto puede hacer que seas un poco impaciente con aquellas personas que no pueden seguir tu ritmo, no puedes comprender que alguien pierda el tiempo discutiendo detalles. Puedes sentirte muy enojada por momentos, pero afortunadamente tu enojo suele ser de corta duración.

Valiente y sin complejos

No temes hablar de tus sentimientos. Sueles ser admirada por tu naturaleza franca y frontal. Dices lo que piensas y secretamente deseas que todos los demás hagan lo mismo. La honestidad es tu superpoder, y la falta de sinceridad te deja perpleja.

Consumidora espontánea

En tu mundo, el dinero se va tan pronto como llega. Eres una consumidora impulsiva. Esto significa que si ves algo que te hace feliz, te das el gusto. Prefieres gastar el dinero de una vez —y no tener nada que gastar por un momento— que decir no.

Rápida y furiosa

Logras tus objetivos con rapidez, sin miedo y con ímpetu, pero puedes quedarte sin energía hacia el final de los proyectos más complejos. Prefieres entrar en acción, hacer lo tuyo y marcharte. Esto es grandioso para lograr un efecto dramático, pero no para aquellas tareas que requieran de paciencia o resistencia. Es poco probable que las tareas domésticas sean tu prioridad...

ARIES Y LAS RELACIONES

Eres abierta y honesta sobre tus sentimientos, lo que hace que seas una persona fascinante con quien relacionarse. No pierdes el tiempo en presentarte y hacerte notar, y sueles saber cómo impresionar a tu pareja. Sin embargo, aunque tienes plena fe en ti misma, puede llevarte algo de tiempo confiar en otra persona. Es posible que experimentes algunos altibajos antes de encontrar a la persona correcta para ti, pero el universo sabe que puedes con ello. Después de todo, ¿qué desafío representaría encontrar el verdadero amor de inmediato?

Relaciones especiales

- Necesitas rodearte de personas que puedan igualar tu energía y que disfruten de los desafíos.
- No te gustan los juegos mentales y te niegas a perder el tiempo con personas que no estén interesadas en ti.
- Odias sentirte vulnerable y solo bajas la guardia con personas de tu confianza.
- Si alguien rompe tu corazón, tu dolor es real... pero no tardas en superarlo.

PAREJA IDEAL
- Aries
- Leo
- Libra

¡MANTENTE LEJOS!
- Virgo
- Tauro
- Cáncer

ARIES EN EL TRABAJO

Te encanta liderar, y juegas para ganar —habilidades que te convierten en una jefa legendaria—, ¡y, en última instancia, es hacia donde te diriges! Sin embargo, para alcanzar el puesto más alto, necesitas dominar algunos hábitos de trabajo. Te sumerges con entusiasmo en nuevos proyectos... pero con un poco de preparación, serás capaz de ¡terminarlos también! Tu energía es admirable. No todo el mundo está listo como tú para asumir retos difíciles, y tus ideas son siempre bienvenidas. Nunca te quedas sin respuesta y a menudo eres quien da el puntapié inicial en las reuniones de *brainstorming* (tormenta de ideas).

Famosos de Aries

- Emma Watson—Actriz
- Saoirse Ronan—Actriz
- Lady Gaga—Compositora, cantante y actriz
- Vincent van Gogh—Artista
- Lil Nas X—Músico
- Alek Wek—Modelo y diseñadora

Profesiones ideales para Aries

- Domadora de leones
- Bombera
- Conductora de ambulancia
- Experta en demolición
- Atleta profesional
- Cirujana
- Primeros auxilios
- Oficial de policía
- Soldado
- Capitana de barco

ARIES EN ACCIÓN

Tienes un talento innato para los juegos y los deportes, y disfrutas de ponerte objetivos y batir tus propios récords. La mayoría de los otros signos del zodíaco no pueden igualar tus habilidades físicas. Sueles ser muy rápida, pero más como una velocista que como una corredora de largas distancias —eres feliz al esforzarte, pero puedes aburrirte con facilidad—. Debido a que gastas mucha energía, es sumamente importante que equilibres tus actividades con muchas horas de sueño.

Comida y bebida

- Como un signo de fuego, disfrutas de la comida caliente y picante, y no eres particularmente quisquillosa.
- La comida rápida funciona para ti, siempre y cuando la equilibres con un ritmo de vida activo.
- Si pudieras, comerías en un lugar diferente cada día.
- Te gusta más comer al paso que cenar a la luz de las velas, y te encantan los bufés.

En movimiento

Necesitas espacio a tu alrededor y abundante aire fresco. No te importa que el clima sea malo. Ejercitar bajo la nieve, el viento o la lluvia solo suma un nuevo desafío para ti. No sueles trabajar en equipo, ya que prefieres la libertad de hacer todo por tu cuenta, ¡a menos que estemos hablando de deportes! Sobresales en los deportes de equipo con exigencia física y sueles ser una jugadora clave.

Tauro

21 de abril - 20 de mayo

Todo sobre Tauro

SÍMBOLO: EL TORO
ELEMENTO: TIERRA ▽
REGENTE: ♀ENUS

La constelación
de Tauro

Tú eres la roca fuerte y silenciosa del zodíaco, confiable e inalterable;
sin tu fortaleza todo lo demás se derrumbaría. Tauro es regido
por ♀enus, lo que te confiere un encanto natural. Te diriges hacia
tus objetivos lentamente y con determinación. La paciencia es tu
superpoder. Cuando sabes que algo es adecuado para ti, aceptas que
puede llevar mucho tiempo conseguirlo.
Pero sabes con certeza que lo lograrás.

Honesta y trabajadora

Tauro tiene un don natural para acumular dinero, pero no eres para nada adicta al trabajo. ¡Trabajas para comprar cosas hermosas! Algunas personas creen que eres haragana, pero se equivocan. Sabes muy bien cuándo trabajar y cuándo relajarte. Te gusta hacer las cosas bien y seguir adelante, incluso en tiempos difíciles.

Permanecer en casa

Adoras las comodidades del hogar y la buena comida. Tu casa es tu castillo, donde te sientes realmente feliz. Una tarde en tu mullida bata, rodeada de tu familia en un cómodo sofá y con una deliciosa comida casera nunca dejará de ser un atractivo plan para ti.

¿Serena o toro embravecido?

A primera vista, parece que nada puede perturbarte. Con frecuencia, esto hace que las personas crean que no eres emotiva. ¡Se equivocan! Los signos de tierra pueden volverse muy emocionales, solo que les toma más tiempo llegar a ello. Los toros saben que cuando embisten, pierden el control, y esto puede ser devastador para todos aquellos involucrados.

TAURO Y LAS RELACIONES

Tu carácter desenfadado, tu sentido de la diversión y tu encanto atraen a las personas. No te enamoras fácilmente de los demás, pero cuando lo haces, eres una amiga o compañera leal con una confianza interior que puede ser irresistible. Una vez que te sientes segura en una relación, colmas de afecto a las personas que quieres y te gusta pasar mucho tiempo en su compañía. Si temes que pasen más tiempo con otras personas, te pones celosa... Pero es natural que el signo del zodíaco relacionado con las posesiones sea un tanto apegado con aquello que considera lo más importante de su vida.

Relaciones especiales

- Tú aprecias los aspectos convencionales del romance, como una cena a la luz de las velas, las flores y paseos al atardecer.
- Te gustan las personas que se ven, huelen y se oyen bien. La voz de una persona puede ser un factor decisivo para ti.
- ¡Los buenos cocineros definitivamente tienen una gran ventaja inicial en la competencia por llamar tu atención!

PAREJA IDEAL
- Capricornio
- Cáncer
- Escorpio

¡MANTENTE LEJOS!
- Sagitario
- Géminis
- Acuario

TAURO EN EL TRABAJO

Eres uno de los signos más trabajadores del zodíaco, y cumples tus promesas. No siempre eres la más rápida, pero te enorgulleces de tu trabajo, que suele ser de excelente calidad. No te entusiasman los cambios. Por cierto, Tauro es uno de los signos más propensos a permanecer en el mismo trabajo durante un largo período de tiempo. El trabajo metódico y repetitivo te resulta reconfortante, pero esto no quiere decir que no seas creativa. Regida por la artística Venus, eres un alma paciente que puede pasar semanas perfeccionando un cuadro o componiendo un concierto.

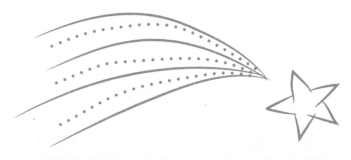

Famosos de Tauro

- **Dwayne Johnson—Actor**
- **William Shakespeare—Escritor**
- **Adele—Cantante y compositora**
- **Lizzo—Cantante y compositora**
- **Florence Nightingale—Enfermera y activista**
- **Joe Keery—Actor**

Profesiones ideales
para Tauro

- Banquera
- Agricultora
- Constructora
- Cantante y compositora
- Jardinera
- Propietaria de un restaurante
- Productora de alimentos
  artesanales
- Escultora
- Diseñadora de interiores
- Fabricante de muebles
- Diseñadora de indumentaria
  de lujo

TAURO EN ACCIÓN

Una verdadera Tauro es una persona minuciosa y decidida, que tiene una sola velocidad —la suya propia—. ¡Odias que te apuren en lo que sea! Si te presionan para que te pongas en marcha, simplemente te detienes en seco. Ganas en la vida por medio de tu fuerza de voluntad. Fuerte y resistente, sueles gozar de buena salud. No siempre eres atlética, pero tienes vigor y determinación. Tauro ha convertido el ocio en un arte... tu casa ideal está acondicionada con sofás mullidos, iluminación favorable, velas y música suave.

Comida y bebida

- Para Tauro, la comida es una experiencia devoradora. ¡Te transporta a otro mundo!
- Tus papilas gustativas son agudas, y disfrutas muchísimo de la buena comida.
- Puede que te sientas atraída por los hidratos de carbono y ames todas aquellas comidas ¡elaboradas con papas!
- Comer es una experiencia que involucra todos los sentidos, por lo que tu plato debe tener un aspecto tan bueno como su sabor.

En movimiento

Prefieres una rutina predecible que se ajuste a tu ordenado estilo de vida, pero sudar y quedarte sin aliento no son cosas que te agraden demasiado. El gimnasio puede que no sea tu hogar natural, pero disfrutar de estar en la naturaleza y respirar aire fresco es otra historia.

27

Géminis

21 de mayo - 21 de junio

TODO SOBRE GÉMINIS

SÍMBOLO: LOS GEMELOS
ELEMENTO: AIRE △
REGENTE: MERCURIO

La constelación de Géminis

Inteligente, adaptable y burbujeante, eres la más lista de los signos del zodíaco. Tu estado de ánimo es tan cambiante como el clima, fluctuando de un cielo azul a un cielo tormentoso en un instante. Te adaptas a las situaciones que se presentan, y te resulta fácil integrarte y estar de acuerdo con quienquiera que sea. ¡Pero una Géminis enfocada es un genio! Cuando tu mente está ocupada, realizas tu trabajo el doble de rápido que los demás y los resultados son siempre reflexivos y entretenidos.

Alma sensible

Luces radiante y burbujeante por fuera, incluso si te encuentras en un estado de ánimo sombrío. No te importa hablar acerca de tus malos sentimientos, pero no te interesa descubrir el origen de tu sufrimiento. ¡Tus reacciones emocionales pueden ser tan misteriosas para ti misma como para los demás!

Doble carácter

Regida por Mercurio, el planeta de las comunicaciones, te gusta saber un poco de todo. Tanto si se trata de física o de cerámica, tienes sed de conocimiento y de nuevas experiencias. La otra cara es que vives tan absorta en tus pensamientos que puedes olvidarte de responder mensajes, llegar tarde, y a veces dejar las oraciones por la mitad...

Curiosidad infinita

Una Géminis aburrida es peligrosa. El aburrimiento puede conducirte a tu «gemelo oscuro», quien dirá cualquier cosa para conseguir una reacción. Lo que ves como una charla inofensiva puede, en realidad, ser una conversación poco amable, exagerada o falsa. Esto no significa que no puedas ser considerada o cariñosa; de hecho, tu capacidad de poder ver las cosas desde todos los ángulos te hace ser sensible a los puntos de vista de los demás.

GÉMINIS Y LAS RELACIONES

Eres uno de los signos más amigables del zodíaco, y te enamoras un poco de todas y cada una de las personas que conoces por primera vez. Te atrae la gente nueva como a ningún otro signo del zodíaco, y sueles vivir unos cuantos romances antes de establecerte en un vínculo.

El amor romántico te trae felicidad o sentimientos difíciles de manejar si te disgustas con tu pareja. Cuando no estás segura de la causa de estos sentimientos, tu estado de ánimo puede cambiar con facilidad. Para establecer un vínculo con otras personas, primero debes establecer un vínculo contigo misma, entonces, tus relaciones irán viento en popa.

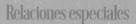

Relaciones especiales

- Te gustan las personas que tienen un estilo de vida diferente al tuyo.
- Un intelecto brillante y el entusiasmo por la vida te harán ir por más.
- Tus amigos y tu pareja deben tener un sentido de la diversión. Te aburrirás con cualquiera que te tome demasiado en serio.
- Te encanta conversar, es tu superpoder. Solo estás contenta cuando te rodeas de personas que saben comunicarse.

PAREJA IDEAL
- Acuario
- Piscis
- Leo

¡MANTENTE LEJOS!
- Escorpio
- Géminis
- Tauro

GÉMINIS EN EL TRABAJO

Como signo de aire mutable, te adaptas con facilidad a nuevas situaciones. Eres una persona que toma decisiones de manera rápida y racional, y que sabe instintivamente lo que tiene que hacer. No te interesan las formas tradicionales de hacer las cosas o cómo se han hecho en el pasado. Te gusta trabajar en grandes equipos con un grupo variado de personas. Si te aburres en el trabajo, te distraes fácilmente. Tu «gemelo oscuro» hará su aparición, y puedes hacer travesuras solo para tu propia diversión.

Famosos de Géminis

- **Venus Williams—Tenista**
- **Ana Frank—Escritora**
- **Marilyn Monroe—Actriz, cantante y modelo**
- **Tom Holland—Actor**
- **Aly Raisman—Gimnasta y activista**
- **Awkwafina—Comediante, cantante y actriz**

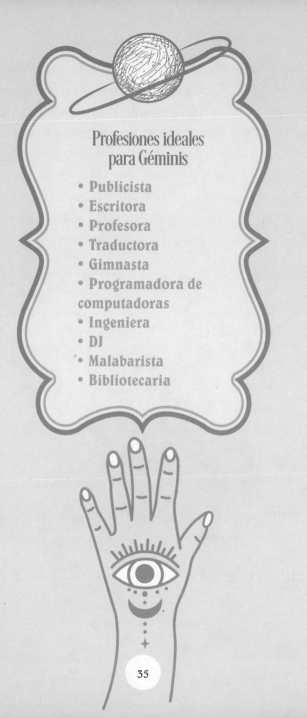

Profesiones ideales para Géminis

- Publicista
- Escritora
- Profesora
- Traductora
- Gimnasta
- Programadora de computadoras
- Ingeniera
- DJ
- Malabarista
- Bibliotecaria

35

GÉMINIS EN ACCIÓN

Como signo de aire, nunca te quedas quieta, y anhelas rodearte de variedad para sentirte activa, positiva y feliz. Eres una caminante excepcionalmente veloz, y a menudo llegas a destino más rápido a pie que en transporte público. Para ti, explorar nuevos restaurantes, cafés y puestos en el mercado es tan interesante como la comida que ofrecen. Ver programas de cocina para aprender nuevas formas de preparar comidas puede satisfacer tu apetito casi tanto como la preparación de la comida en sí.

Comida y bebida

- Para Géminis, es aburrido comer la misma comida a la misma hora todos los días. Prefieres comer poco y con frecuencia.
- Tiendes a ser más selectiva que a comer comidas pesadas.
- Tienes un gusto por lo inusual. Si alguien te ofreciera un sándwich de alcachofa, ¡de seguro lo probarías!
- Como gastas mucha energía, necesitas beber mucha agua.

En movimiento

Cuando necesitas realizar una rutina de ejercicios, te inclinas más por sesiones intensas de actividad, como clases de *spinning* o entrenamiento por intervalos. Lo que te falta de fuerza y resistencia, lo compensas con agilidad y flexibilidad. Las largas caminatas y las visitas planificadas no te resultan divertidas, ya que te impacientas enseguida y comienzas a buscar un nuevo desafío.

Cáncer

21 de junio – 22 de julio

TODO SOBRE CÁNCER

SÍMBOLO: EL CANGREJO
ELEMENTO: AGUA ▽
REGENTE: LA LUNA

La constelación
de Cáncer

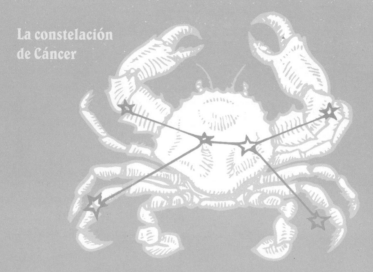

Tal como tu símbolo del zodíaco, el cangrejo, tu dura personalidad exterior protege tu interior más suave. No necesitas ser el centro de atención, tan solo quieres estar tranquila para seguir haciendo tus cosas. Puedes ser un poco tímida con las personas que no conoces. Eres muy generosa. Los demás no están ni siquiera cerca de poder conectar con el mundo de los sentimientos como tú. Una vez que dejas entrar a alguien en tu gran corazón, no sabes cómo renunciar a ello. Por suerte, ¡entiendes que la risa puede aliviar las situaciones emocionales intensas!

Pellizcar donde duele

Si te sientes realmente herida por las acciones de otra persona, te refugias dentro de tu caparazón. ¡Respondes con el silencio y la indiferencia! Pero si una persona querida te ha hecho enfadar, ¡es otra la historia! Sucede excepcionalmente, pero cuando quieres vengarte, usas tus pinzas para pellizcar donde más duele.

Aferrarse al pasado

Amante de las tradiciones, las antigüedades y la historia, le concedes un valor sentimental a viejas fotografías, regalos e incluso ropa. Encuentras consuelo en aquellas cosas viejas que atesoras con cuidado. Quizás no veas esta acumulación de cosas como un desorden, sino más bien como una extensión de tu caparazón protector.

Alma bondadosa

Eres una gran cuidadora, y tus instintos son amar, nutrir y proteger. Eres maravillosa escuchando a los demás. No cuestionas ni juzgas lo que ha pasado, si alguien que amas se encuentra en problemas, ¡es suficiente! Le ofrecerás contención y abrigo para ayudarla, sin pensar en tus propias necesidades.

CÁNCER Y LAS RELACIONES

Cuando alguien te gusta, te suele asustar un poco. ¡Tu instinto inicial puede ser esconderte y preocuparte por todas las cosas que podrían salir mal! Pero tú, más que cualquier otro signo del zodíaco, tienes la capacidad emocional necesaria para navegar a través del corazón humano. Algunas personas pueden decir que eres demasiado dramática o dependiente, pero tú comprendes lo importante que es dar aunque sea una pequeña parte de tu corazón porque el resto de tu corazón suele estar muy cerca.

Relaciones especiales

- Eres uno de los signos más románticos del zodíaco. Cuando alguien te gusta de verdad, lo sitúas en el corazón de tu universo.

- La compatibilidad emocional es importante para ti. Deseas compartir todas las emociones con las personas que amas.

- La felicidad doméstica es tu objetivo, y te encanta la idea de formar un hogar y una familia algún día.

- Deseas ser capaz de hablar de todo con las personas que amas y esperas lo mismo de ellos.

PAREJA IDEAL
- **Tauro**
- **Capricornio**
- **Leo**

¡MANTENTE LEJOS!
- **Acuario**
- **Sagitario**
- **Libra**

CÁNCER EN EL TRABAJO

Manejas el dinero mejor que la mayoría, y te gusta sentirte segura. En el fondo, eres ahorrativa, y la idea de no tener algo de dinero extra en el banco es una de tus mayores preocupaciones. No te asusta aceptar trabajos que otros rechazarían, siempre y cuando haya un salario en compensación. Esta dedicación hace que te apasione ayudar a personas menos afortunadas que tú. Detrás de tu apariencia tímida, ¡late el corazón de una líder! Amable, pero firme, a menudo llegas a la cima de tu profesión.

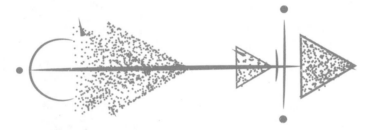

Famosos de Cáncer

- **Ariana Grande—Cantante y compositora**
- **Nelson Mandela—Político**
- **Selena Gomez—Empresaria, actriz y cantante**
- **Malala Yousafzai—Escritora y activista**
- **Alan Turing—Programador de computadoras**
- **Jaden Smith—Actor y músico**

Profesiones ideales para Cáncer

- Enfermera
- Maestra de guardería
- Asistente social
- Terapeuta de relaciones
- Agente de seguros
- Jardinera
- Obstetra
- Empleada de museo
- Chef (¡eres famosa por ser la mejor cocinera del zodíaco!)
- Guardia de seguridad
- Directora de beneficencia
- Asesora de relaciones públicas
- Esteticista

CÁNCER EN ACCIÓN

¡Ningún otro signo se ve tan afectado por sus propios pensamientos o estados de ánimo como tú! Cuando te sientes feliz, segura y protegida, tienes mucha energía y todo en el mundo te sienta bien. Cuando no estás a gusto, tu sensible sistema digestivo puede ser el primero en decirte que algo no está bien. Estar cerca del agua te relaja casi tanto como nadar en ella. Un paseo por la playa o por el río te tranquiliza como por arte de magia.

Comida y bebida

- Amas los restaurantes tradicionales o cenar comida casera en familia.
- Se te considera una cocinera con talento porque estás dispuesta a experimentar.
- Como signo de agua, beber mucho líquido te hace sentir equilibrada.
- ¡Tiendes a comer cuando te sientes ansiosa, aburrida o emocionada!

En movimiento

No te gustan las formas agresivas de ejercicio y sentirte incómoda, así que sudar y quedarte sin aliento no es lo tuyo. Pasatiempos más suaves, como practicar yoga, senderismo, bailar o nadar, te mantienen activa y calman tus nervios.

Leo

23 de julio - 23 de agosto

Todo sobre Leo

SÍMBOLO: EL LEÓN
ELEMENTO: FUEGO △
REGENTE: EL SOL

La constelación de Leo

Como el Sol, tu lugar está en el corazón del sistema solar, ¡donde todo gira alrededor de ti! Las personas se dan cuenta cuando Leo irrumpe en una habitación. Estás llena de calidez y optimismo ¡y eres muy luminosa! Has nacido para liderar la manada, para animar, proteger y nutrir. Tu motivación es hacer felices a las demás personas, y sí, a veces puedes ser un poco firme a la hora de imponer tus reglas... Pero sabes que eres fuerte y valiente, y que tus intenciones provienen del corazón.

Efecto creativo

Intenta tomarte un tiempo para ti misma, y así descubrirás quién eres realmente. Tu instinto creativo no tardará mucho en ponerse en marcha y hacer algo te dará un auténtico propósito.

Algo maravilloso

La mayoría de las personas de Leo quieren cambiar el mundo para mejor... ¿y qué mejor manera que hacer algo maravilloso? Has nacido con talento y te encanta mostrar tus habilidades. Pero, a pesar de la confianza que tienes en ti misma, necesitas motivación. Cuando llegan los elogios, prefieres que sean lo más halagadores posibles, en voz alta y ¡a los cuatro vientos!

Un consejo amable

A menudo te resulta más fácil poner en orden la vida de los demás que concentrarte en la tuya. Algunos de tus amigos y familiares pueden creer que eres un tanto autoritaria debido a tu excesiva intervención. Pero tú dirás que solo los impulsas a ser su mejor versión. De todos modos, eres una persona tan sabia ¡que los demás naturalmente acudirán a ti para pedirte consejo!

LEO Y LAS RELACIONES

No te resulta difícil expresar tus sentimientos, y te sientes viva cuando acabas de conocer a alguien nuevo. Puede que te contengas hasta estar segura de que puedes conquistarlo, pero en cuanto tengas el mínimo indicio de que tú también le gustas, ¡te lanzarás! Los grandes gestos románticos no pueden ser más emocionantes que los de una Leo apasionada. Tu enamorado se sentirá atraído y quizás un tanto abrumado. A pocas personas les resulta fácil ser tan generosas como a ti. Intenta recordar que el amor puede ser tranquilo y personal, sin que todo sea un espectáculo.

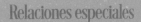

Relaciones especiales

- ¡Necesitas sentirte adorada! Te encantan los grandes gestos y las muestras públicas de afecto.
- Lo que los demás piensen sobre las personas que amas es todo un tema. Quieres que tus amigos y tu pareja se quieran mutuamente.
- Si tu pareja es feliz de pasar todo el día leyendo un libro, puedes sentirte ignorada y sola (¡dos emociones que te incomodan!).
- Prefieres estar con personas que disfruten de una emocionante escena social, la vida es muy corta para quedarse en casa.

PAREJA IDEAL
- Libra
- Sagitario
- Géminis

¡MANTENTE LEJOS!
- Leo
- Escorpio
- Capricornio

LEO EN EL TRABAJO

Como uno de los signos del zodíaco más creativos y artísticos, solo disfrutas de aquel trabajo que te permita expresarte. Eres más feliz cuando puedes mostrar tu trabajo y declarar con orgullo: ¡Yo lo hice! Sobresales en cualquier posición donde el foco de atención se centre en ti. La industria del entretenimiento tiene una atracción magnética para Leo, que siempre busca protagonismo, y el canto, el baile o una carrera musical estarán entre los primeros puestos de tu lista. A Leo le encanta tener el mando, lo que te convierte en una jefa natural y en una líder popular.

Famosos de Leo

- **Barack Obama—Político**
- **Daniel Radcliffe—Actor**
- **Amelia Earhart—Aviadora**
- **Demi Lovato—Cantante y activista por la salud mental**
- **Neil Armstrong—Astronauta**

Profesiones ideales para Leo

- Actriz
- *Influencer*
- Diseñadora de moda
- Maestra de ceremonias
- Animadora de cruceros
- Cantante de ópera
- Comediante
- Cardióloga

LEO EN ACCIÓN

Eres una persona con una energía elevada y con entusiasmo por la vida. Te tomas el ejercicio con seriedad, en parte porque eres un signo de fuego, y te sientes más relajada cuando has quemado algo de energía. Prefieres estar al aire libre que encerrada en un gimnasio. Relajarte es algo muy importante para ti, pero incluso tus momentos de descanso pueden parecer ajetreados para los menos enérgicos. Como el signo del zodíaco que más disfruta salir de fiesta, bailarás hasta que la música se detenga. Pero los leones también necesitan dormir... y tú puedes irritarte si no tienes tiempo para descansar por unos cuantos días.

Comida y bebida

- Desearías poder comer afuera todo el tiempo para lucir tu vestimenta, hablar con todo el mundo y ser vista en un programa de moda.
- Te encanta hornear pasteles de aspecto impresionante por el factor sorpresa.
- Al elegir en el menú, sueles buscar las opciones más emocionantes.
- Eres la cita perfecta para una cena. El generoso león ¡a menudo insiste en pagar!

En movimiento

No se puede mantener a un león encerrado dentro de casa por mucho tiempo, a menos que esté durmiendo. Eres más feliz cuando te encuentras rodeada de otras personas, así que ser miembro de un equipo satisfará tus instintos sociales. El fútbol, el baloncesto, el *hockey* sobre césped y otros deportes de equipo te resultan atractivos y, por supuesto, aspiras a ser la jugadora estrella.

Virgo

24 de agosto - 22 de septiembre

Todo sobre Virgo

SÍMBOLO: LA DONCELLA / LA VIRGEN
ELEMENTO: TIERRA ▽
REGENTE: MERCURIO

La constelación de Virgo

La doncella, o la virgen, suele ser representada sosteniendo unas gavillas de trigo, que simbolizan la cosecha a finales del verano (en el hemisferio norte) en el tiempo de Virgo. El trigo representa la sabiduría que ha cosechado en diferentes campos de experiencia. Si alguien necesita hacer lo que sea, primero lo consulta con una Virgo porque sabe que recibirá una respuesta sensata y práctica, y hermosa por su simpleza.
Has nacido para crear orden y mantener las cosas organizadas.

Serenamente sorprendente

No te entusiasma ser el centro de atención, pero una vez que te sientes cómoda con las personas que te rodean, tu lado comunicativo, regido por Mercurio, aparece en escena. Tu buena predisposición a adaptarte hace que los demás se acerquen a ti y escuchen tus consejos. Incluso si todavía no te diste cuenta, tú eres secretamente quien tiene el mando de todos los signos del zodíaco.

Hacer un buen trabajo

Eres muy trabajadora, con un alto nivel de exigencia. Modesta hasta la médula, ¡puedes ser muy dura contigo misma, y te gusta que las cosas se hagan apropiadamente! No es que quieras hacer todo el trabajo... pero te irritaría mucho delegarlo a otra persona que no lo haga tan bien.

Limpia y ordenada

Tu afán de perfección puede hacer que pases mucho tiempo concentrada en cosas que no son del todo correctas. Es probable que tu casa esté muy limpia y ordenada porque no puedes relajarte hasta ver todo en orden. ¡Es realmente difícil redactar un correo electrónico si tu escritorio está desordenado!

VIRGO Y LAS RELACIONES

Eres una persona naturalmente reservada, así que cuando te das cuenta por primera vez que te gusta alguien, ¡puede tomarte por sorpresa! Eres selectiva, pero eso es porque sabes lo que estás buscando. Eres tímida por naturaleza y probablemente pensarás en cientos de razones por las cuales la persona que te gusta no estará interesada en ti. Pero si tomas distancia y te observas a ti misma con honestidad, te darás cuenta de que eres aquella persona encantadora, amable y con talento que todos los demás ven. Una de tus mayores lecciones es aprender a aceptar tus propios errores... y los de los demás. Todos tienen defectos y siguen siendo adorables, ¡incluso tú!

Relaciones especiales

- Tu regente planetario, Mercurio, propicia la amistad. Una vez en una relación, te comprometes.

- Quieres que tu vida en común sea privada. No serás feliz si tus amigos o tu pareja están siempre publicando fotos tuyas en las redes sociales.

- ¡La honestidad es la clave! Saber lo que las personas que amas realmente piensan es mucho más importante para ti que escuchar lo que quieres oír.

- Prestas atención a cada pequeño detalle de los demás, desde dónde compran sus zapatos hasta qué pasta dental prefieren.

PAREJA IDEAL
- Piscis
- Virgo
- Tauro

¡MANTENTE LEJOS!
- Aries
- Sagitario
- Libra

VIRGO EN EL TRABAJO

Eres una persona que trabaja duro para resolver problemas y eres famosa por tu estilo de comunicación claro y sin complicaciones. Te gusta ver la tarea enfrente tuyo pieza por pieza y analizar la información en detalle. Tu minuciosidad es única, y cuando se te asigna un trabajo, te lo tomas en serio. Puede que te lleve un poco más de tiempo completar un proyecto que a los demás signos del zodíaco, porque corregirás y ajustarás cada pequeño error sobre la marcha, pero el resultado final será perfecto, ¡independientemente de si eres contadora o si tocas el trombón!

Famosos de Virgo

- **Zendaya—Actriz**
- **Beyoncé—Cantante y compositora**
- **Ava DuVernay—Directora y guionista**
- **Lili Reinhart—Actriz**
- **Madre Teresa—Misionera**
- **Roald Dahl—Escritor**

Profesiones ideales para Virgo

- Ingeniera en informática
- Asistente de laboratorio
- Nutricionista
- Consejera personal
- Controladora aérea
- Periodista
- Veterinaria
- Contadora
- Crítica gastronómica
- Médica clínica
- Cirujana

VIRGO EN ACCIÓN

Virgo es el signo del zodíaco más relacionado con la salud, los hábitos y la rutina. No te aburres tan fácilmente como los demás signos, por lo que el ejercicio repetitivo te sienta muy bien. Actividades como el senderismo, las carreras de larga distancia y la natación te ayudarán a sentirte con energía. Puede ser difícil para ti desconectar de la necesidad de aprender, mejorar y ser productiva, y simplemente relajarte. A veces estás tan ocupada cuidando de los demás ¡que no puedes ver que eres tú quien necesita un poco de cuidado y cariño!

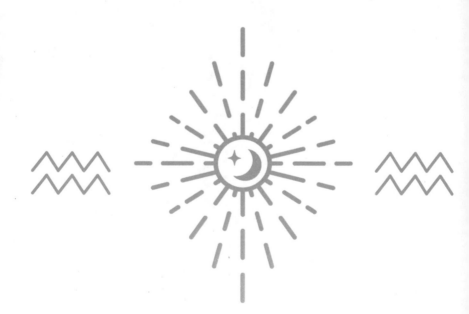

Comida y bebida

- Como el signo del zodíaco más relacionado con la digestión, te sientes mal cuando no te alimentas apropiadamente.
- Es probable que estés informada sobre nutrición y alimentación saludable, y la comida rápida no te atrae.
- Es posible que elijas ser vegana o vegetariana, y siempre insistirás en consumir los ingredientes de mejor calidad.
- Te resulta más sencillo comer en casa, ya que puedes ser muy exigente en los restaurantes.

En movimiento

Lo tuyo es el progreso. Te encanta mantenerte activa, ¡sobre todo porque puedes ver cómo te superas cada vez más y más! Llevar un registro de lo rápido que puedes correr, cuántos goles puedes marcar o cuántos sets puedes soportar, puede ayudarte a permanecer enfocada.

Libra

23 de septiembre - 22 de octubre

TODO SOBRE LIBRA

SÍMBOLO: LA BALANZA
ELEMENTO: AIRE △
REGENTE: VENUS

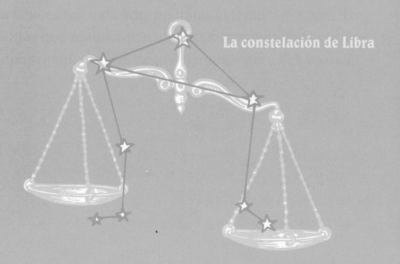

La constelación de Libra

Eres uno de los signos más sociables del zodíaco, pero tu deseo de complacer a los demás hace que en ocasiones sacrifiques tus propias ambiciones para mantener la paz. Como eres el signo del equilibrio —y una excelente oyente— te gusta escuchar todas las versiones de una historia antes de decidir el curso de acción más justo. Te puede llevar mucho tiempo sopesar todas las opciones, pero cuando tomas una decisión, suele ser inamovible (ia no ser que muchas personas estén en desacuerdo contigo!).

La opinión de los demás

Has nacido para debatir tus pensamientos y sentimientos con otros. Es natural para ti considerar las opiniones de los demás antes de tomar una decisión, incluso si estás en desacuerdo con ellos. Te ves a ti misma a través de los ojos de las otras personas, por lo que su opinión favorable sobre ti, te ayuda a formar una buena opinión sobre ti misma.

Belleza venusina

Tienes un profundo aprecio por la belleza y eres muy especial respecto de cómo decoras tu entorno. Para ti, el estilo es más importante que la comodidad, y siempre elegirás unos zapatos bonitos por sobre unos cómodos. Tu hogar ideal es un espacio ordenado y tranquilo, decorado con flores, velas y obras de arte.

Laberinto moral

Eres una persona tolerante. Es admirable tu capacidad de dar el beneficio de la duda, siempre y cuando se trate de personas con la misma moral que tú. Otros pueden sentirse frustados por tu pasividad e intentar provocarte para que tomes decisiones...

LIBRA Y LAS RELACIONES

Libra es el signo de la pareja, y te encanta la emoción del romance. Crees en encontrar a tu alma gemela, pero puedes tardarte mucho tiempo en decidir qué es lo que buscas (¡es una decisión demasiado importante para tomarla rápidamente!). Por suerte, tu personalidad sociable y tu increíble sonrisa hacen que nunca te falten amigos. Te sientes incómoda frente a la ira, el caos y el bullicio, y te mantienes alejada de las peleas. Si discutes con alguien, probablemente intentes hacer las paces tan pronto como sea posible, incluso si tú tienes la razón.

Relaciones especiales

- La emoción de un nuevo romance es tu idea del paraíso.
- Como signo de aire conversador, te gusta enviar mensajes de ida y vuelta.
- Las personas deben atraer tu mente para conquistarte de verdad. Debes sentir que eres un socio igualitario en cualquier relación.
- Eres muy sensible a las críticas y a menudo te preocupas por lo que las personas piensan realmente.

PAREJA IDEAL
- Géminis
- Acuario
- Leo

¡MANTENTE LEJOS!
- Cáncer
- Capricornio
- Virgo

LIBRA EN EL TRABAJO

Detrás de tu dulce y sociable personalidad se esconde un gran cerebro para los negocios. Como uno de los comunicadores del zodíaco, tú sabes cómo persuadir a las personas para que trabajen juntas. Eres un personaje simpático, desenfadado e ingenioso, y sorprendentemente sereno y racional cuando te enfrentas a tareas estresantes. Eres una líder muy amable y sociable, aunque no te sientas del todo cómoda al ser quien toma las decisiones. Algunos dirán que la amabilidad se interpone en el trabajo, pero para ti suele ser lo contrario. Cuando necesitas que se haga algo, las personas a tu alrededor están encantadas de ayudarte.

Famosos de Libra

- **Alexandria Ocasio-Cortez—Política**
- **Mae Jemison—Astronauta**
- **Mahatma Gandhi—Político**
- **Anthony Mackie—Actor**
- **Doja Cat—Cantante y compositora**
- **Naomi Osaka—Tenista**

Profesiones ideales para Libra

- Recursos humanos
- Consejera matrimonial
- Diseñadora de páginas web
- Maquilladora
- Diseñadora de moda
- Asesora de relaciones públicas
- Peluquera
- Vendedora de arte
- Organizadora de bodas
- Abogada

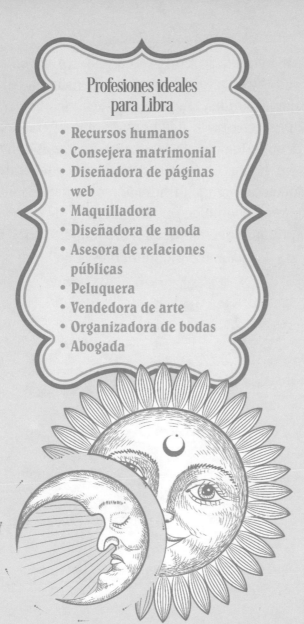

LIBRA EN ACCIÓN

Los signos regidos por Venus (Libra y Tauro) suelen estar bien vestidos y se preocupan mucho por su apariencia, por lo que acalorarse, sudar y quedarse sin aliento no serán tu primera opción a la hora de mantenerte activa. Tu manera preferida de relajarte y distenderte es conversar con amigos. Hablar de cualquier problema y saber que la otra persona comprende tu situación es la mejor solución para ti. La terapia también puede funcionar de maravilla si quieres expresar lo que piensas sin preocuparte por decir lo que realmente sientes.

Comida y bebida

- Tu regente, Venus, es el planeta del disfrute, y la buena comida suele tener una alta prioridad para ti.
- El equilibrio es la clave para la salud y el bienestar de Libra, y eso incluye una dieta balanceada, y de alta calidad.
- Te gusta que tus elecciones de comida sean interesantes, pero te desagrada la comida rica en grasas porque te quita energía.

En movimiento

El gimnasio no tiene demasiado atractivo para ti, excepto que sea un lugar genial para pasar el rato, ¡en cuyo caso te gustará estar tiempo en la cafetería, conversando con amigos durante el almuerzo! El tenis y el bádminton, o cualquier deporte o actividad que requiera de un compañero, se adaptarán a tu necesidad de trabajar con otra persona, así como los bailes de salón, zumba y las clases de gimnasia acuática.

Escorpio

23 de octubre - 21 de noviembre

Todo sobre Escorpio

SÍMBOLO: EL ESCORPIÓN
ELEMENTO: AGUA ▽
REGENTE: PLUTÓN

La constelación de Escorpio

Hipnótica y misteriosa, con un aguijón en tu cola, eres famosa por tener todos los rasgos de personalidad más extremos y exaltantes del zodíaco. Como el escorpión, prefieres esconderte y mantener tus motivos en secreto, pero atacarás si te sientes amenazada. Tu duro exterior está ahí para proteger tu sensible corazón. Sientes tus emociones con profundidad, pero no dejarás que nadie vea que eres vulnerable.

Mantener la confianza

Eres genial guardando secretos porque ¡el conocimiento es poder! La confianza lo es todo para ti. Por eso confías en tan pocas personas. Disfrutas de los chismes tanto como cualquiera, pero tratas los secretos reales con el respeto que merecen... y tú tienes unos cuantos propios.

El poder del dinero

Escorpio es uno de los signos financieros del zodíaco. Regido por Plutón, respetas el poder del dinero, y tu relación con él puede ser complicada. Eres inteligente y astuta, y sueles descubrir que el dinero viene a ti con facilidad... ¡pero eres bastante reservada respecto de cuánto dinero tienes!

Perderte en ti misma

Cuando te interesas por un tema, idea o personaje, te vuelves muy obsesiva. Eres el tipo de persona que no puede dejar de ver los capítulos de sus series de televisión favoritas o que se queda despierta toda la noche leyendo una atrapante historia.

ESCORPIO Y LAS RELACIONES

Como el signo más apasionado del zodíaco, tu intensidad puede hacer que los demás se sientan un poco intimidados, pero no es intencional. Te tomas el amor en serio y no facilitas que los demás se acerquen a ti, pero cuando encuentras el verdadero amor, eres leal, protectora y cariñosa. Emocionalmente, lo das todo, así que si alguien se comporta de una manera hiriente contigo, querrás vengarte (¡recuerda que la mejor venganza es lograr que de verdad no te importe!). Porque eres valiente y honesta contigo misma, tienes el poder de sanarte y recomponerte, y ser más fuerte que antes.

Relaciones especiales

- Cuando alguien te gusta de verdad, sueles intentar disimular tus sentimientos, pero los ojos te delatan.
- No puedes dejar de prestar atención a cada detalle de las personas que amas, como su forma de moverse o el sonido de su voz.
- Puedes volverte posesiva con tu pareja y sentir celos si te provocan.
- Escorpio necesita ser la mejor y la única. Si tienes alguna duda, lo sabrán.

PAREJA IDEAL
- Cáncer
- Tauro
- Capricornio

¡MANTENTE LEJOS!
- Libra
- Leo
- Aries

ESCORPIO EN EL TRABAJO

Cualquier trabajo en el que tengas que profundizar o investigar para descubrir más información se ajustará a tu mente de detective. Te encanta llegar al corazón de lo que realmente motiva a·las personas. No hay problema que no puedas resolver, y exiges respeto sin pedirlo jamás. Revelas poco sobre tu propia vida, pero no se te escapa nada de lo que las otras personas hacen. Si ves algo inadecuado, no siempre le das importancia en el momento... pero recordarás los detalles por si esa información te resulta útil más adelante.

Famosos de Escorpio

- **Marie Curie—Científica**
- **Katy Perry—Cantante y compositora**
- **Pablo Picasso—Artista**
- **Willow Smith—Cantante y compositora**
- **Amandla Stenberg—Actriz**
- **Bill Gates—Empresario e informático**

Profesiones ideales para Escorpio

- Negociadora
- Espía
- Detective
- Asesora fiscal
- Oficial de policía
- Organizadora de eventos
- Investigadora
- Psicóloga
- Minera
- Banquera de inversiones

ESCORPIO EN ACCIÓN

Tu apariencia tranquila esconde tu naturaleza intensa. Una de las cosas más importantes que puedes hacer por tu salud es hablar con alguien sobre tus sentimientos. Tienes una vida emocional muy rica, pero guardarte demasiado las cosas para ti misma puede conducirte a problemas mayores. A Escorpio le encantan los rituales, así que si te sientes mal, anímate a ti misma encendiendo una vela, preparando una taza de chocolate caliente o poniendo una gran canción. Adoras la música, y escucharla puede mejorar tu estado de ánimo como nada en el mundo.

Comida y bebida

- Tiendes a disfrutar de alimentos que los demás pueden encontrar un tanto excesivos, por ejemplo, muy dulces, amargos o picantes.
- Puedes pasar de estar obsesionada con un tipo de comida a rechazarla por completo unos días después.
- No tienes problema en seguir un plan de alimentación saludable durante poco tiempo... ¡y luego te pasas al otro extremo y no quieres más que comida para llevar!
- ¡Ten cuidado con las dietas de moda! Una alimentación sana es una cuestión de equilibrio.

En movimiento

Eres determinada, enérgica y competitiva. Los deportes extremos como el alpinismo, el esquí, el buceo en cuevas y *kitesurfing* te ayudarán a aliviar el estrés y a mover cualquier energía bloqueada.

Sagitario

22 de noviembre - 19 de diciembre

Todo sobre Sagitario

SÍMBOLO: EL ARQUERO
ELEMENTO: FUEGO △
REGENTE: JÚPITER

La constelación de Sagitario

Tu símbolo astrológico es el arquero, que suele representarse con un centauro, una criatura mitológica, mitad hombre, mitad caballo. La leyenda cuenta que si disparabas tu flecha, galoparías hacia donde esta cayera, y así volverías a disparar otra vez recorriendo el mundo entero y deleitándote con cada nueva experiencia.

Por eso, te encanta viajar y siempre estás dispuesta a explorar nuevos lugares y conocer gente. Vives para la aventura y afrontas los retos de la vida con una sonrisa.

Sigue adelante

Eres más feliz al inicio de cada nuevo proyecto. Tu entusiasmo te impulsa a avanzar con una fuerza tremenda. Tu energía es más tempestuosa y bien predispuesta que reflexiva y refinada, pero el optimismo puro que le imprimes a todo puede ser muy estimulante.

Librepensadora

Las cuestiones filosóficas te fascinan. No te gusta que te digan en qué debes creer o cómo vivir, ni profesores, amigos o familiares. Disfrutas de una buena disputa verbal con cualquiera que esté en desacuerdo contigo, pero te saca de quicio cuando cuestionan tu inteligencia. Has estudiado mucho y explorado el mundo, ¡y sientes que te has esforzado por tener razón!

Gastar, gastar y gastar

No te agrada que te restrinjan, especialmente cuando se trata de diversión, por lo que gastas alegremente tu dinero tan pronto como lo consigues. ¡Es bueno que tu regente Júpiter sea el planeta más afortunado de todos! Justo cuando te quedan tus últimas monedas, tu suerte puede cambiar ¡y vuelves a disfrutar de tu dinero una y otra vez!

SAGITARIO Y LAS RELACIONES

Eres una criatura contradictoria, y el amor puede desgarrarte en dos direcciones. Valoras mucho tu libertad, así que pensar que alguien te importa de verdad puede provocarte sentimientos encontrados. Sin embargo, una vez que te has comprometido, quieres compartir todo tu mundo con las personas que te importan y vivir juntos las aventuras de la vida. Como «buscadora de la verdad» del zodíaco, siempre eres honesta. Tiendes a decir tus verdades sin rodeos.

Relaciones especiales

- Como aficionada a las bromas, los juegos de palabras y gran comediante, eres difícil de ignorar.

- Tu optimismo y tu gran gusto por la vida son contagiosos, ¡y logras conmover hasta los corazones más fríos!

- No te atrae un amor moderado y confortable, prefieres algo más desafiante.

- Extremadamente generosa en el amor, esperas recibir solo una cosa a cambio: un cien por ciento de honestidad.

PAREJA IDEAL

- Leo
- Libra
- Géminis

¡MANTENTE LEJOS!

- Escorpio
- Cáncer
- Virgo

SAGITARIO EN EL TRABAJO

¡Todo el mundo necesita a una Sagitario optimista y emprendedora en su equipo! Tu confianza en ti misma y tu voluntad de asumir cualquier desafío impulsa a todos hacia adelante. Sin embargo, puedes perder el interés por los aspectos menos emocionantes de un trabajo, como el presupuesto o la planificación. De carácter contradictorio, suele haber dos tipos de Sagitario: las académicas o las deportistas. Sea cual sea tu caso, necesitas una carrera que satisfaga tu sed de conocimiento. Eres más feliz dando órdenes que siguiéndolas.

Famosos de Sagitario

- **Janelle Monáe—Cantante y compositora**
- **Taylor Swift—Cantante y compositora**
- **Jane Austen—Escritora**
- **Billie Eilish—Cantante y compositora**
- **Walt Disney—Productor de cine**
- **Hailee Steinfeld—Actriz y cantante**

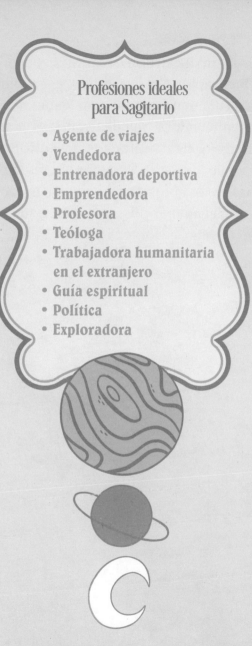

Profesiones ideales para Sagitario

- Agente de viajes
- Vendedora
- Entrenadora deportiva
- Emprendedora
- Profesora
- Teóloga
- Trabajadora humanitaria en el extranjero
- Guía espiritual
- Política
- Exploradora

SAGITARIO EN ACCIÓN

Si eres una Sagitario deportista, serás fuerte, enérgica y competitiva. Eres rápida por naturaleza, te encantan los retos, y confías plenamente en tus capacidades. Podrías ser una excelente entrenadora, ya que te gusta animar a los demás a dar lo mejor de sí mismos. Si eres una Sagitario más reflexiva, puede que estés menos interesada en el ejercicio y más en los libros. Por suerte, a casi todas las sagitarianas les gusta caminar porque satisface su curiosidad por ver qué hay a la vuelta de la esquina.

Comida y bebida

- Eres una persona de cantidad más que de calidad. Prefieres comprar en el supermercado que en una tienda especializada.
- Imagina un banquete medieval en una enorme mesa con toda clase de comidas, ¡esa es tu cena ideal!
- Te gusta tener tus alacenas bien surtidas. En caso de que tus amigos te visiten... ¡Fiesta sorpresa!
- Tu amor por los viajes hace que algunas de tus comidas preferidas sean aquellas que has probado durante tus vacaciones.

En movimiento

El atletismo y los juegos en equipo te ayudan a gastar energía y son excelentes para tu naturaleza competitiva.

El senderismo, el alpinismo y la navegación a vela te atraen debido a tu amor por las actividades al aire libre, y deberían ser lo suficientemente atrapantes como para mantener tu atención.

Capricornio

20 de diciembre – 19 de enero

Todo sobre Capricornio

SÍMBOLO: LA CABRA
ELEMENTO: TIERRA △
REGENTE: SATURNO

La constelación de Capricornio

Eres una persona realista, práctica y trabajadora; el personaje más ambicioso del zodíaco. El símbolo de Capricornio es la cabra, a veces representada por una mítica cabra marina. Se relaciona con tu determinación por llegar a la cima en todo lo que haces. Como signo de tierra, confías en lo que puedes ver, tocar y construir, y te propones trabajar duro para alcanzar el éxito. Es posible que te sientas incómoda al expresar tus sentimientos más complejos.

Habilidosa con el dinero

Con una mente madura sobre tus hombros, no estás dispuesta a desperdiciar el dinero en el que empleaste tanto tiempo y energía en conseguir. Una de las principales razones por las que eres una genia de las finanzas es que tienes un plan y te ciñes a él (sorprendentemente, pocas personas tienen la disciplina necesaria para llevar a cabo las tareas de la misma manera que lo hace Capricornio).

Amable y elegante

Poseedora de un excelente gusto, quieres lucir y sonar como una mujer de negocios. Eres formal y tienes una apariencia conservadora. Vestida para impresionar con ropa atemporal y accesorios de buen gusto, llevas un aire de sofisticación dondequiera que vayas.

Escalar constantemente

Tu determinación, tus conocimientos y el trabajo duro te impulsarán a la cima del juego que hayas elegido, y es naturalmente donde te sientes más confiada y segura. Eres feliz siendo la persona que toma todas las decisiones importantes, y el romance puede pasar a un segundo plano mientras te concentras en tu profesión.

CAPRICORNIO Y LAS RELACIONES

Como uno de los signos de tierra más prácticos del zodíaco, no gritas tus sentimientos a los cuatro vientos, al menos no al principio. Anhelas conocer a alguien con quien compartir tu vida y, como eres atractiva, sabia y divertida, no tendrás muchos problemas en lograrlo. Mantienes tus sentimientos en privado hasta que te sientes segura, pero cuando conoces a la persona indicada, no tratas el tema a la ligera. Las personas que realmente te importan verán tu lado cariñoso y apasionado (que el resto del mundo rara vez conoce).

Relaciones especiales

- El comienzo de una relación puede ser abrumador; te sientes más cómoda cuando las cosas se asientan.

- No esperas que haya un sol radiante y un arcoíris todos los días. Comprendes que nadie es perfecto, incluyéndote a ti misma.

- Puede que prefieras un modelo tradicional de amor.

- Te dedicarás a hacer que tus relaciones funcionen, y disfrutas de establecer objetivos tanto para ti misma como para tus amigos o pareja.

PAREJA IDEAL
- Cáncer
- Escorpio
- Tauro

¡MANTENTE LEJOS!
- Sagitario
- Aries
- Géminis

CAPRICORNIO EN EL TRABAJO

Eres la más trabajadora del zodíaco, y si no has conseguido ya algo impresionante, estarás muy cerca de lograrlo. Después de todo, llegar a la cima es lo que naturalmente quieres hacer. Nunca le dirás a tu empleador que algo no se puede hacer, incluso si esto significa aprender un nuevo conjunto de habilidades. Cuando llegues a ser jefa, ¡estarás exactamente donde te corresponde! Firme y justa, premias la lealtad, pero si alguien intenta engañarte, no te hará ninguna gracia.

Famosos de Capricornio

- Greta Thunberg—Activista
- Juana de Arco—Activista
- Isaac Newton—Científico
- Finn Wolfhard—Actor
- Michelle Obama—Abogada
- Dove Cameron—Actriz

Profesiones ideales para Capricornio

- Política
- Contadora
- Secretaria jurídica
- Vendedora
- Urbanista
- Asesora hipotecaria
- Académica
- Emprendedora
- Analista empresarial
- Arquitecta

CAPRICORNIO EN ACCIÓN

Quieres ser la mejor en lo que haces. El aire fresco y la
luz del día son vitales para que los signos de tierra se
mantengan sanos y plenos. Una caminata enérgica y
una buena noche de sueño te ayudarán a relajarte y a
concentrarte en algo que no sea el trabajo.
Es necesario que le dediques tiempo a ser amable
contigo misma, ya que eres muy autocrítica cuando
sientes que no estás haciendo lo suficiente.

Comida y bebida

- Tienes mucho autocontrol cuando de comida se trata, y eliges hábitos alimenticios saludables.
- La mayor parte del tiempo te resulta sencillo comer con regularidad, pero si trabajas demasiado, ¡te olvidas de comer!
- La cocina suele ser el lugar donde una Capricornio se siente más segura, y te encanta preparar recetas sabrosas con especias.
- A veces te gusta tanto una comida que te encuentras comiéndola con mucha frecuencia.

En movimiento

Tienes una complexión fuerte, y te resulta fácil seguir una rutina de ejercicios. Como la cabra, el alpinismo será una actividad obvia, pero cualquier tipo de ejercicio en el que se trabaje de forma constante hacia el éxito es bueno para ti. Tienes la resistencia necesaria para correr largas distancias, y la gracia y el aplomo para ser una elegante patinadora o gimnasta.

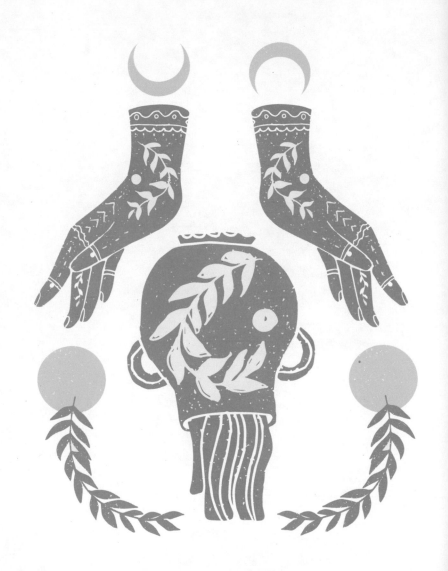

Acuario

20 de enero - 19 de febrero

Todo sobre Acuario

SÍMBOLO: EL PORTADOR DE AGUA
ELEMENTO: AIRE ▽
REGENTE: URANO

La constelación de Acuario

El símbolo astrológico de Acuario es el portador de agua, que suele ser representado por un hombre que vierte agua de una jarra. Esto puede hacer que las personas crean que Acuario es un signo de agua, pero es un signo de aire. Sueles ser idealista y pasas más tiempo en tu cabeza que cualquier otro signo del zodíaco. Eres una persona simpática, creativa y emocionante, que a menudo se describe como imprevisible. No te entusiasma la tradición y anhelas una visión más tolerante y diversa de la sociedad.

Grandes misterios

Temas misteriosos, como las religiones antiguas o las mitologías, te inspiran y te emocionan. Eres conocida por tus gustos y estilo inusuales, y si todo el mundo se interesa por algo, ¡lo más probable es que lo hayas hecho hace meses!

Tus propias reglas

Puedes parecer distante o distraída porque no siempre conectas con los demás a nivel emocional. Pero eres muy perspicaz, quizás todavía más cuando te concentras en algo realmente interesante.

Extrañamente obstinada

Una vez que has decidido que tienes razón en algo, no hay otra explicación posible. Eres extremadamente inteligente, pero crees en tu propia lógica. Acuario está llena de contradicciones, y aunque es de mente abierta en muchas cosas, cuando se trata de sus propias acciones personales, es inamovible.

ACUARIO Y LAS RELACIONES

Sientes una profunda curiosidad por los demás, y si estás con alguien, harás muchas preguntas hasta averiguar todo lo que puedas sobre esa persona. Sin embargo, eres un espíritu libre y a menudo encuentras que puedes saltar de una obsesión con una persona a otra sin demasiado problema. Genial y glamorosa, tienes un aire de misterio, lo que hace que nunca te falten amigos. Pero para que te involucres realmente con alguien, tiene que intrigarte...

Relaciones especiales

- Tiendes a amar de una manera gentil, eternamente amistosa, y tienes un interés casi científico por las personas que quieres.

- Eres una criatura lógica, y, a veces, el amor verdadero puede ser un concepto muy difícil de entender para ti.

- A menudo te avergüenzan las emociones, y haces todo lo posible por mantener las tuyas ocultas.

- Cuando una persona significa todo para ti, te sientes confundida, pero emocionada. Después de todo, ¡es una nueva experiencia!

PAREJA IDEAL
- Libra
- Leo
- Acuario

¡MANTENTE LEJOS!
- Tauro
- Escorpio
- Cáncer

ACUARIO EN EL TRABAJO

Puede que te lleve un tiempo encontrar una profesión que te mantenga interesada. Te gusta explorar hasta encontrar algo que no te aburra. Nunca se trata de dinero para Acuario, sino de romper con las viejas tradiciones que ya no funcionan y reemplazarlas por nuevas y brillantes ideas ¡que revolucionarán el mundo! Parece que tienes un radar que señala cómo mejorar la vida de los demás con tus soluciones originales.

Famosos de Acuario

- **Rosa Parks—Activista**
- **Harry Styles—Músico y actor**
- **Elizabeth Olsen—Actriz**
- **Buzz Aldrin—Astronauta**
- **Michael B. Jordan—Actor**
- **Charles Darwin—Científico**

Profesiones ideales
para Acuario

- Científica
- Política
- Catedrática
- Programadora de computadoras
- Ingeniera
- Controladora aérea
- Astróloga
- Fundadora de una ONG
- Inventora

ACUARIO EN ACCIÓN

Es difícil que te sientas realmente motivada a mover el cuerpo porque puede alejarte de lo que te interesa: largas noches mirando el ordenador o empleando toda tu energía en intentar resolver un enigma científico. Rebelde por naturaleza, cuestionarás los consejos tradicionales y preferirás llevar a cabo tu propia investigación. Si hay una teoría que encaja con tus ideas actuales sobre la dieta y el ejercicio, la probarás.

Comida y bebida

- Comprendes bien la necesidad de una dieta equilibrada y variada, y disfrutas planificando las comidas con antelación.
- Tu actitud progresista hace que puedas sentirte atraída por la alimentación macrobiótica.
- Olvídate de las comidas sencillas; sueles estar interesada en verduras inusuales y barras de proteínas diseñadas para astronautas.
- Eres una comensal impredecible, y la falta de variedad te molesta.

En movimiento

El ejercicio no es algo que te guste programar. Te aburres con movimientos repetitivos, e ir al mismo gimnasio a la misma hora todos los días no es de tu agrado. Como signo del zodíaco extrovertido y social, estar rodeada de otras personas te levanta el ánimo y te llena de energía, así que los deportes en equipo y las clases concurridas te resultan más satisfactorios.

Piscis

20 de febrero - 20 de marzo

TODO SOBRE PISCIS

SÍMBOLO: DOS PECES
ELEMENTO: AGUA ▽
REGENTE: NEPTUNO

La constelación
de Piscis

Eres la más compasiva y espiritual de todos los signos del zodíaco,
con una naturaleza sensible y una imaginación asombrosa. Como
signo de agua profundamente emocional, es posible que a veces te
sientas arrastrada por los sentimientos. Te rige Neptuno, el planeta de
la magia y la ilusión, y tienes fama de ser maravillosamente creativa.
Reconoces la verdadera belleza cuando la encuentras y tienes la
capacidad de hacer felices a los demás con solo ser tú misma.

Fuente de talento

Tu sensibilidad permite que la creatividad fluya a través de ti, y nunca eres más feliz que cuando eso sucede. Puedes no sentir un fuerte deseo de expresar al mundo tus ideas y creaciones para que los demás las vean, pero eres capaz de producir las obras más increíbles de música, poesía y arte.

El sentido del dinero

O ves el dinero como la raíz de todos los males o como algo que simplemente cae en cascada a través de ti como el agua a través de un colador. No puedes decir que no a alguien en apuros. Verás a un animal con mirada triste ¡y donarás todo el dinero que tienes a un refugio de animales!

Cuida de ti misma

Eres una gran oyente, y a menudo te encuentras escuchando los secretos, las preocupaciones y los problemas de los demás. Esto significa que es importante que tengas tiempo para recuperar el sentido de tu propia identidad. De lo contrario, puede resultarte muy difícil separar tus pensamientos y sentimientos de los ajenos.

PISCIS Y LAS RELACIONES

Tu símbolo son dos peces que nadan en direcciones opuestas. Esto representa la forma en que puedes alternar fácilmente entre la fantasía y la realidad. Estás enamorada del amor y estás segura de que un día conocerás a la persona indicada para ti. A veces, proyectas lo que tanto deseas en otras personas, y crees que es real. Cuando te decepcionan, te duele como a nadie, pero como te permites sentir tanto, eres genial para procesar tus sentimientos y seguir adelante.

Relaciones especiales

- La idea del amor es tan tentadora para ti, que puedes nadar de una persona a otra en búsqueda de «la elegida».

- Lo que más necesitas de los demás es que sean honestos contigo, pero no siempre te resulta fácil oír la verdad.

- Puede que te sientas atraída por personas que se han enfrentado a graves dificultades.

- Un bonito brote de hierba que crece a través de una grieta en la carretera puede alegrar tu corazón, y la sonrisa de un desconocido en una tienda te devuelve al instante tu fe en la humanidad.

PAREJA IDEAL

- Escorpio
- Virgo
- Cáncer

¡MANTENTE LEJOS!

- Aries
- Géminis
- Leo

PISCIS EN EL TRABAJO

Absorbes la atmósfera del estanque en el que nadas, por lo que tu entorno de trabajo es un asunto importante para ti. Puede que pases unos cuantos años cambiando de un lugar a otro mientras intentas descubrir aquel sitio donde todo funciona como por arte de magia. Prefieres una profesión que implique trabajar con tranquilidad. Esto significa que a veces sorprendes a los demás con tus ideas innovadoras. Eres la artista del zodíaco y te expresas a través de la pintura, la música, la cerámica, la escritura o la moda. No te tienta demasiado la responsabilidad y te gusta dejar que otros tomen la iniciativa.

Famosos de Piscis

- **Albert Einstein—Científico**
- **Rihanna—Cantante y compositora**
- **Elliot Page—Actor**
- **Harriet Tubman—Abolicionista**
- **Lupita Nyong'o—Actriz**
- **Simone Biles—Gimnasta olímpica**

Profesiones ideales para Piscis

- Artista
- Recaudadora de donaciones
- Química
- Actriz
- Bailarina
- Enfermera
- Psicóloga
- Nadadora
- Podóloga

PISCIS EN ACCIÓN

Como un pez deslizándose a través del agua, eres elegante y delicada en tus movimientos. Es posible que percibas fácilmente la negatividad de los demás. Tiendes a pasar mucho tiempo preocupándote por tu salud o estado de ánimo. Inquieta por naturaleza, te interesa más probar muchas cosas diferentes que seguir una rutina estricta.

Comida y bebida

- Puedes ser indecisa; no sabes qué quieres comer y dejas que los demás elijan por ti.
- Muchas piscianas descubren que prefieren una dieta vegetariana.
- Es probable que seas selectiva con la comida, pero necesitas muchas vitaminas y minerales para fortalecer tu sistema inmunológico.
- Si te sientes estresada, puede que recurras a la comida para sentirte mejor.

En movimiento

Amas bailar porque es una actividad que está relacionada con los pies, el área del cuerpo que corresponde a Piscis. Puede que te sientas cohibida de realizar ejercicio en grupo, así que hazlo sola en casa o únete a una clase por Internet (con tu videocámara apagada) para mantener las cosas en privado. Dentro del agua, te encuentras en tu elemento, y si te das un chapuzón en el mar o en un lago, ¡eres feliz!

«AQUELLOS QUE NO CREAN EN LA MAGIA JAMÁS LA ENCONTRARÁN».

ROALD DAHL

Otros títulos de la colección:
Encantamientos * Cristales *
Lectura de manos